AF367397

RELATOS CON SABUR©

Marta Antuña Egocheaga

1ª edición

ISBN:978-84-9981-541-1

DL:M-11944-2011

Impreso en España / Printed in Spain

Impreso por Bubok

Hace poco tiempo, descubrí un vocablo que me llamó poderosamente la atención por su significado. Esa palabra es <<Sabur>>.

<<Sabur>> es una palabra serbia que significa la <<capacidad de estar en contacto con lo que es>>.

La escogí para titular estos relatos, porque pretenden sencillamente eso: ser, existir, estar; para mí, para ti, para los otros.

Quiero compartir con todos estas historias que no son más que mis percepciones y que probablemente no coincidan con lo que es, pero que pueden llegar a ser.

Con amor, se lo dedico a todos mis lectores.

Marta Antuña Egocheaga©

Índice ©

I. Κλίμαξ (Orgasmo). Un relato sin adjetivos. ©

Suena el despertador. «Uf qué pereza, levantarme…», mascullo antes de abrir los ojos. Apago la alarma y dirijo la mirada hacia el techo de la habitación. La misma imagen de todos los días. «Tengo que quitar esa lámpara. Hace tiempo que no me gusta. Me amenaza. Si un día cae, me abre la cabeza», me digo.

La cabeza…ayer me dolía, hoy parece que no. Poso mi mano en el colchón y alzo medio cuerpo apoyándome en el cabecero de la cama. Voy espabilando, pero percibo que algo no es como siempre…Me asusto. Grito. Me doy cuenta de que mi cuerpo no está, ha desaparecido; sin embargo mi mente sigue funcionando. Además mantengo los sentidos de la vista, oído y tacto. « ¿Qué me está pasando?, ¿estaré muerta?». El pánico me desborda, pego un brinco y corro hasta el baño. No ha cambiado el desorden de las cremas que tras el ritual de limpieza de mi cara dejé anoche sobre el mueble del lavabo. Me aproximo a la luna, pero no me devuelve el reflejo. Ya no están mi rostro ni el resto de mi materia física. Suelto una carcajada y pienso en mi novio: «anda que si se entera», me digo.

Cojo el cepillo de dientes y al ver cómo se aproxima flotando hacia mí, se me contrae el estómago o lo que creo que es el estómago; porque ya no tengo piel, ni vísceras, ni sangre…Aún quedan restos de humedad en el objeto. Se me cae al suelo. La mano me tiembla. No consigo sujetarlo. Me doblo y lo recojo del suelo. Vuelve a flotar. Me da la risa.

Dejo el baño; en dos zancadas llego a la cocina. Quiero comprobar si puedo comer o beber. Los restos de tarta que dejé anoche en la nevera me saben a gloria. Bebo un poco de agua para saciar la sed. Sí, no tengo apariencia material, pero mantengo todos los sentidos y por supuesto no puedo estar muerta. Si fuese un espíritu, mi cuerpo reposaría sobre la cama. Pero ni rastro.

Me voy a la sala para echarme en el sofá. Necesito pensar. «Calma», me digo. Comienzo a rezar con miedo, pero no consigo pasar del Padre Nuestro…porque súbitamente parece que me elevo. La sensación de ligereza es tan intensa que me relajo y sigo subiendo. Intento aterrizar en la alfombra, pero es inútil, salgo volando por la ventana que atravieso como un susurro de viento.

Ahora ya se lo que sienten los pájaros: gozo y libertad. Juego con el aire, doy volteretas, recuerdo las películas de Superman en el cine. Disfruto con el vuelo que siempre quise experimentar y que alguna vez probé dormida en mis sueños. Algo que no es mi mente, pero que gobierna mi nuevo estado, dirige la ruta de mi andanza por el cielo.

Llego a la calle donde está la oficina. Aterrizo en mi despacho. Todos se comportan conmigo como si fuese real. Nadie percibe esta nueva condición, tampoco mi sorpresa. Voy a casa de mis padres, más de lo mismo. Ellos siguen viendo mi cuerpo. Me hablan como si nada hubiese cambiado, el trato sigue siendo como el de cada día. La que me he transformado soy yo, porque en esta situación noto la vida de otra manera. Escucho, veo y siento desde mi profundidad, escondida de todos. En este momento no hay más que energía. Puedo ser solamente lo que siento sin que me importe el mundo físico. Calor, gozo, confianza, alegría, ingravidez…Me apremia el deseo de compartir mi esencia con la persona que más me interesa en este mundo, así que voy a su encuentro. No le localizo en el trabajo.

Desde el móvil que pillé en la oficina, llamo a su hermano porque él no contesta. Me dice que ha ido a buscarme a casa.

Regreso a mi domicilio. Una vez dentro, me dirijo al dormitorio porque intuyo que está allí. Lo encuentro sentado en la cama. A pesar de que estoy a su lado no me mira. «Félix» le llamo, tampoco me oye. Sigo siendo el mismo personaje de carne y hueso en la existencia de los demás, menos en la de Félix. Sonrío, comienzo a besarlo y entonces reacciona. Lancea mi lengua con la suya. Excitada tanteo entre sus muslos, pero no encuentro la flecha física de su sexo, sino una hoguera. Me estremezco ante la certeza de saber lo que ocurre cuando el gas se acerca a una llama, pero no retrocedo. Me enrosco en su silueta que ya es toda lumbre. No hay marcha atrás. Explotamos entre sonidos de esferas celestes. En el estallido los dos nos extinguimos. Ahora no queda más que el vacío, la nada…

II. Viki encuentra casa©

<<En esta ciudad tan caótica estoy perdida, pero encontraré mi casa, mi hogar. Necesito un lugar donde pueda recuperarme cuando llegue rota del exterior. Un espacio con suficiente luz y sobre todo silencioso>>. Viki acababa de despertarse.

En el sueño de aquella noche, había escuchado a su voz amiga, pero no conseguía recordar más que dos palabras de la larga letanía <<mi casa, mi hogar>>.

Ese recuerdo tan puntual actuó como un latigazo en sus piernas y brincó desde la cama para vestirse a toda prisa. Salió del piso dando un rotundo portazo con la intención de no volver a la guarida que compartía con su depredador.

Al llegar a la calle, su atención se dirigió hacia el árbol que daba sombra al banco azul de la acera de en frente <<A la sombra de aquel árbol leeré con calma los anuncios del

periódico, pero antes tengo que dar una vuelta para despejar la cabeza>>, se dijo.

Cuando cruzaba la calzada saltó por el aire como una marioneta a punto de quebrar. Sus piernas ya llegaron rotas al suelo, así que se quedó tendida en el cemento sintiendo un fino surco de sangre caliente que le salía por la nariz. El dolor en sus extremidades era tan intenso que antes de perder la consciencia, vio cómo se fugaba el viejo camión rojizo que la acababa de llevar por delante. Su cuerpo, casi muerto, se entregó sin resistencias al torbellino de ruidos que la rodeaba y que desapareció a los pocos minutos de escucharse la sirena de la U.V.I. móvil.

Ya en el hospital, Viki abrió los ojos y volvió a sentir la vida por dentro, pero de otra manera. Se dio cuenta de que a pesar de las fracturas, volvería a caminar y además mucho más alerta.

La mujer de blanco que en ese momento colocaba una nueva botella de suero en el gotero, hablaba pausadamente con otra enfermera que abría la ventana para aliviar el calor de la tarde. <<He encontrado el piso de mis sueños. Lleno de luz, silencioso y con suficiente espacio, pero la renta es un pico. Necesito a alguien para compartir los gastos>>.

Viki   levantó hasta donde pudo el índice de su mano derecha y esbozó una leve sonrisa, pero las enfermeras salieron de la habitación sin darse cuenta del gesto. A pesar de ello no se preocupó, porque ya había encontrado lo que había salido a buscar esa misma mañana.

III.- Entre muros. ©

1.-

El día de aquel mil novecientos noventa y nueve, en que

ingresé en este convento de las Descalzas Reales en pleno

16

centro de Oviedo, sentí una paz profunda. Al fin me refugiaba en un lugar que percibía como seguro, para alcanzar la plenitud celestial antes de mi muerte, que sin remedio, tendría lugar en el inminente fin del mundo augurado por tantos visionarios. Por si acaso quería asegurar mi salvación. La educación católica que había recibido en mi infancia marcaba la intensidad de mis miedos. El posible sufrimiento en el más allá me impulsó a tomar los hábitos.

Desde entonces han transcurrido tres años y este planeta sigue como siempre o peor. Aquella historia sobre el término de la existencia en la tierra resultó ser un gran camelo. Aquí seguimos la mayoría, salvo, claro está, los que se han muerto que forman parte de las estadísticas normales en estos tiempos.

Hoy por hoy nada presagia un cataclismo cercano. Por lo que a mí respecta, la calma que tanto agradecí al entrar en este lugar para apaciguar tantos temores, se ha vuelto espesa y me está entumeciendo no solo el cuerpo, sino también el ánimo que aunque lo tenía algo variable, tiraba más bien a divertido y socarrón.

Pasan los días vacíos de encanto, diversiones y frivolidad. Necesito marcha, emociones, saltos a lo desconocido, desafíos, música, rumores y por qué no, algo de sexo y un poquito de buen vino. No puedo renunciar al juego de la vida.

He ido a hablar con la madre superiora acerca de mis dudas, de estas cabriolas mentales y emocionales que me roban el sosiego, pero no me ha hecho ni caso.

El clero está tan necesitado de vocaciones que no quiere oír ni hablar de mi posible deserción de la causa divina. Así que tengo que encontrar la manera de acallar lo que yo creo que son cantos mundanos para volver al sendero de la santidad y del místico silencio.

En otro caso tendré que dejar la congregación para aventurarme en los vericuetos del exterior, sin rumbo conocido.

2.-

La vida te da sorpresas y su Creador ha escuchado mis lamentos. Hoy la rutina entre estos muros ha dejado de adormecerme. Quien me iba a decir que mis servicios en el convento tendrían una finalidad más mundana que la puramente espiritual…

Sor María de la Encarnación, la hermana más longeva de la comunidad, nos ha despertado con sus gritos, cuando el reloj de mi mesita aún no había llegado a marcar las dos de la madrugada de este catorce de octubre de dos mil dos. Todas sus compañeras hemos salido de nuestros cuartos como militares hacia el campo de batalla. La voz chillona de la anciana, que me recordó al alarido de un soldado corneta, nos ha impulsado a abandonar nuestros camastros sin pereza. El desconcierto se ha adueñado de nosotras hasta que ha hecho su aparición la madre directora por el fondo este del pasillo. Acostumbrada a sus trabajos de mando, ha reaccionado como siempre, con aplomo y resolución. Casi sin mirarnos se ha dirigido hacia la habitación de Son María Encarnación. Ante el leve gesto de su mano derecha levantada, hemos captado de inmediato la prohibición de acompañarla.

Tras unos segundos de espera, el tono de la voz de la anciana se va apagando, pero aún podemos escuchar sus tenues gemidos. Sor María Dolores de la Alegría, la dire, ha asomado su medio cuerpo por la puerta entornada y como si de un técnico de señales de aviación se tratara, ha ejecutado dos movimientos con claro significado: todas a sus cuartos salvo Sor María Auxiliadora, o sea, servidora que debía adentrarme en aquel habitáculo. Reconozco que me sentí orgullosa de ser la elegida por nuestra carismática superiora. Además ardía en deseos de saber qué pasaba allí, de ayudar en lo que hiciera falta.

3.-

En el momento en que entré en su habitación, Sor María Encarnación me pareció más delgada y menuda que nunca, pues no llegaba a ocupar la mitad del camastro. A pesar de sus ochenta años de edad, su fortaleza es notable, pues aún continúa realizando las labores de cocina con brío y destreza. El pánico que estaba sintiendo era evidente no solo por sus ojos que no miraban la realidad circundante, sino también por sus manos que temblaban con movimientos incontrolados y a veces se alzaban hacia su rostro. Quería ocultar su mueca de terror. Continuaba con los sollozos y no le entendíamos sus balbuceos. El sudor que la empapaba se hacía más evidente por el brillo intenso de su cabeza calva. Me sorprendió la falta de pelo, porque durante el día, gracias a la toca, me la imaginaba con algo de melena, aunque fuese escasa. La directora me dijo que me ocupase de ella hasta que volviese con un poco de agua con algo para tranquilizarla. Así que comencé a darle palmaditas en la espalda para ver si se calmaba. Cuando mi jefa salió del cuarto, Sor María Encarnación me cogió fuertemente del brazo, me miró como una catatónica y comenzó a hablar con más sentido.

—Apareció aquí mismo —señalaba en dirección a la silla que le servía para colgar la ropa del día siguiente. —Apareció de la nada. Chi, chi, chi —al utilizar la ch me recordaba a un bebé, pero en seguida me di cuenta de que hablaba de ese modo, no solo por el susto, sino también por la falta de los dientes postizos, que reposaban dentro de un vaso de agua apoyado sobre la mesita —En un primer momento imaginé que podía ser la Virgen, pero al observar su mirada, nada bueno pude ver en su interior…—añadió.

Le cogí una mano, pero me la soltó con brusquedad y gritó —Mirada de mala tenía. Chi, chi, chi…y plis, plas, plis…se esfumó…

Supuse que estaba delirando. Le toqué la frente para comprobar si tenía fiebre, pero estaba más fría que un pingüino. Continuaba con su discurso: —Se ha esfumado y en nuestro Convento puede estar...flotando en la nada. ¡Cuidado, hermana!

Yo por si acaso miré debajo de la cama y en el armario, pero por supuesto, no me encontré con nadie. La inquietud comenzó a retorcerme el estómago. <<Pobre mujer>> me dije, <<se habrá trastornado o… tal vez haya sido una aparición del mal>>, y me postré de rodillas en el suelo comenzando a rezar.

En ese momento entró Sor Dolores de la Alegría y sin prestarme atención se dirigió al camastro de la hermana para darle un orfidal con abundante agua. La mujer continuaba con su delirio y no dejaba de repetir las frases que yo acababa de escuchar.

—Levántese del suelo. ¡Válgame Dios hermana! Menuda ayuda que me he echado yo para este momento. Váyase a dormir. Mañana la espero en mi despacho a las nueve de la

22

mañana tras los oficios y tareas matutinas. No comente con nadie lo que ha pasado esta noche. ¡Es una orden!

4.-

No pegué ojo en lo poco que quedaba de la oscuridad de aquella noche. Me levanté diligentemente y ejecuté todos los rituales cotidianos sin rechistar. Las ganas de reunirme con la <<dire>>, apaciguaba cualquier queja de las habituales que oscurecían mi humor en los últimos meses. Los recientes acontecimientos auguraban días vacíos de cansada rutina. ¡Aleluya!

Cuando entré en el despacho de la directora saboreé una vez más la sensación de solemnidad que me producía aquella estancia. La oscura madera del ancho zócalo de las paredes estaba ricamente trabajada con relieves de motivos vegetales. No cabía duda de que se trataba de un trabajo antiguo de los que ya no quedan en el mercado. En sus mejores tiempos, la Iglesia Católica siempre había conseguido los mejores trabajos entre los devotos artesanos y artistas más dotados. La luz que entraba oblicua por las dos ventanas que daban a nuestro patio, me impedían divisar con claridad a la abadesa. Solo podía intuir el contorno de la toca y los rasgos de su cara tras los objetos de plata que adornaban su escritorio. Un crucifijo repujado del Siglo XVI, un tintero y una pluma que relucían gracias a la afanosa limpieza de las monjas que se ocupan de estos pormenores. La alfombra lisa y sencilla realzaba todo el mobiliario gracias al color granate rojizo que encajaba perfectamente con el estilo sobrio, pero majestuoso del despacho. La librería de la izquierda estaba repleta de todo tipo de libros. Algunos muy viejos, bellamente encuadernados en piel y en oro, se mezclaban con ejemplares muy modernos, algunos incluso de edición de bolsillo. No cabía duda de que la jefa era una gran lectora y que además leía de todo, pues conseguí quedarme con algún título que me sorprendió. Los consideraba impropios de una religiosa y además priora de un convento de clausura. El Gran Gatsby compartía estante con Crimen y Castigo, el Kamasutra, La Perla o La chica que soñaba con una cerilla y un bidón de gasolina de Stieg Larsso. Me agradó saber que tenía ante mí una mujer moderna, por lo menos en cuanto a gustos de lectura.

Seguía observando la estancia cuando me espetó: —Siéntese hermana y sobre todo no olvide todo lo que le voy a decir.

—A la vez que me sentaba aguzaba más mis oídos, pues estaba dispuesta a servir adecuadamente a los designios de Dios que en esos momentos, no me cabía duda, se materializaban en la voluntad de mi priora.

—Como usted sabe, dentro de dos días recibiremos la visita de Sus Altezas Reales los Príncipes de Asturias. Es muy importante para el bien de la comunidad que dicho evento se desarrolle sin ningún tipo de incidencia. Quiero decir que nada ni nadie puede perturbar el normal curso de los acontecimientos programados. Por lo tanto, será usted quien se ocupe de nuestra hermana Sor María Encarnación hasta que la visita haya concluido. ¿Me entiende hermana? —Estas últimas palabras las pronunció con especial énfasis.

—Sí, madre superiora. No obstante ¿le parece adecuado que llame a nuestro médico de confianza para que la examine? —pregunté.

—No hermana, serán solo dos días en los que usted procurará no separarse de su lado, pero no me parece recomendable que nadie de fuera del convento tenga conocimiento de los comentarios que ha hecho Sor María Encarnación esta noche. Estoy segura de que son alucinaciones fruto de una mala digestión. Algo sin importancia y pasajero, dada su avanzada edad. En este momento está durmiendo acompañada por la novicia Maite. Se que podrá dominar la situación sin que nada extraño trascienda fuera de estos muros. Dese cuenta que la visita de los Príncipes es muy importante para recuperar la popularidad de esta comunidad tan olvidada. Además necesitamos ayuda económica más que nunca en estos tiempos de crisis. Espero que me entienda hermana y me ayude sin titubear.

Al oír estas palabras me sentí elegida por la mano divina para garantizar el futuro del convento y recuperar el nombre que se merecía en la sociedad ovetense que tanto nos debía. Así que me cuadré ante mi directora asegurándole que todo iría a las mil maravillas y que podía contar con mi ayuda incondicional.

—No lo he dudado ni por un momento. Teniéndola a usted encargada de este molesto e imprevisto percance, seguro que puedo estar tranquila —sentenció.

5.-

Salí rauda y veloz en dirección a la celda de la anciana hermana. Estaba totalmente resuelta a ser un escudero fiel. Cumplir esta misión hasta las últimas consecuencias.

Hoy vendrían los servicios de seguridad a rastrear el edificio. Así que todo tenía que estar tranquilo y no se podía levantar la más mínima sospecha de que la pacífica rutina de un piadoso convento se había visto alterada por un hecho tan extraño.

Cuando me adentré en el edificio desde el claustro y comencé a subir las escaleras en dirección al pasillo de nuestras celdas, sentí que no me llegaba el aire a los pulmones cuando contemplo que a una altura de más de un metro desde el suelo, flotaba la cabeza de una fiera mujer. Digo fiera porque la expresión de su cara y el pelo rojo alborotado de su cabeza me recordaban a una tigresa a punto de saltar sobre mí y darme un bocado.

Ahogué mi grito con la mano izquierda y tuve que sujetarme a la barandilla para no caer. Me quedé mirando atónita aquella cabeza que no me quitaba el ojo de encima. Sonrió y a la vez que sonreía iba desapareciendo como si un velo de invisibilidad le cayese poco a poco desde la coronilla.

Oí perfectamente sus pasos corriendo veloz escaleras abajo y sentí que pasaba a mi lado gruñendo. Estuve a punto de gritar, pero me contuve. Las piernas me temblaban y tenía ganas de orinar. Me sujeté el estómago jadeando, porque ante aquella visión había dejado de respirar y necesitaba más aire del normal. Subí arriba y abrí una ventana para no ahogarme.

Miré hacia el rellano de la escalera, pero la mujer ya no estaba.

<<Bien>> pensé, <<yo también la he visto, ahora sé que Sor María Encarnación no sufre demencia senil. Las dos hemos visto la aparición o lo que sea. No puedo fallarle a la directora, así que tendré que tranquilizarme y hacer como si nada hubiese pasado>>.

Reanudé mi caminata hasta llegar a la habitación de la enferma y comprobé que aún dormía. Tras dejarnos la novicia, le cogí la mano. Con ese gesto le transmití mi comprensión, mi consuelo y mi desesperación por la aparición que hubiera querido no haber visto en mi vida…

6.-

Cuando Sor María Encarnación se despertó, parecía más tranquila. La bañé y le cambié el camisón para volver a acostarla. Estaba débil por el efecto de los tranquilizantes que la directora le había pautado. Al meterla en la cama, le di un rosario para que comenzase a rezar. Me obedeció sumisa y sin rechistar. Aquella mujer ya sabía que yo la comprendía, así que se sentía aliviada. Como estaba muy entretenida rezando el rosario, llamé a la novicia Maite para que me sustituyese unas horas.

Cuando me encaminé hacia mi cuarto, no podía dejar de darle vueltas a la imagen de aquella mujer. Intuí que aquello no tenía nada que ver con la espiritualidad, de ahí que mi desasosiego aumentase cuanto más pensaba en ello. Maldecí no contar con un mísero ordenador para poder conectarme con el mundo exterior y buscar respuestas para mis interrogantes. Pero Dios no tardó en escuchar mis lamentos, pues la directora me hizo llamar para que me ocupase de despachar los asuntos rutinarios de nuestra contabilidad con el asesor del Convento, don Carlos Caunedo.   Ella estaba demasiado ocupada con los preparativos de la visita de los Príncipes y sabía que sor María Encarnación estaba muy tranquila acompañada por la novicia Maite.

Cuando entré en el despacho de la directora, supe que la vida me apoyaba. El empleado que había venido en sustitución de nuestro asesor, estaba manipulando el teclado de un mini ordenador. Tenía que explicarme en la pantalla varios entresijos legales que nos llevarían a alcanzar las subvenciones tan deseadas. Vi el cielo abierto, pero no tenía claro cómo podría convencer a aquel hombre para que me dejase navegar por Internet sin levantar sus sospechas.

Cuando fijé mi mirada en la de aquel joven, me explotaron al unísono los corazones del pecho y del bajo vientre. La reacción se produjo con tanta intensidad que sentí algo de vergüenza, pues no podía ocultar el ardor que ya asomaba por mis mejillas. El no solo se dio cuenta de mi excitación, sino que quiso hacerme partícipe de su propio ardor y desenfreno, así que sin pensárselo dos veces se abalanzó sobre mí chupándome los labios. Caímos al suelo y como un prestidigitador me quitó casi a la vez la toca y las bragas. Me invadió sin aviso, pero no puse ninguna defensa, porque sus acometidas me hicieron sentir lo viva que necesitaba sentirme, después de aquellos años tan tranquila, pero casi medio muerta. Yo misma tiraba de mis pezones cuando podía sujetarlos por encima de mi hábito, mientras él se concentraba en mi interior a través de todas las entradas avanzando una y otra vez por mis caminos ocultos. Su pene y sus dedos avanzaban sin titubeos causándome variadas sensaciones placenteras, cada vez más intensas, hasta que me estremecí como una criatura nívea, blanca, recién alumbrada que fluye en el vacío sin basuras mentales de ningún tipo. El se derramó como el agua que llega al mar, ambos revueltos y embravecidos. Luego, reposados y en calma.

Embriagado por esa serenidad, comenzó a decirme palabras tiernas, pero tras mi trastorno pasional temporal, tomé consciencia de mi cometido, así que le imploré que me dejase prestado por unos días su ordenador portátil. <<Se lo devolvería tras la visita de los Príncipes. Hasta entonces no deberíamos vernos, para intentar aclarar nuestras emociones algo perturbadas por el calentón del momento>>, le dije.

Atónito se subió la braguera y accedió a dejarme el ordenador dándome una serie de indicaciones sobre su manejo. Estaba aturdido por mi reacción. No se podía imaginar que una monja tuviese una actitud tan fría y tan ausente de un doloroso arrepentimiento por tal pecado carnal. Pero nada, no hubo el más mínimo indicio de contrición o por lo menos de enamoramiento hacia su persona. Estaba yo para enamoramientos en ese momento. Aunque debo confesar que aquel revolcón me haría estar más fresca mentalmente para decidir mis próximos pasos.

Antes de despedirme a las puertas del convento le pregunté por su nombre, porque ni siquiera nos habíamos presentado. —Juanjo —me dijo. —Auxiliadora —le contesté —pero me puedes llamar Lali —añadí.

Lali había sido mi nombre de guerra, antes tomar los hábitos. Ahora quería recuperarlo. Mi vida iba a cambiar. De eso ya estaba segura.

En cuanto me aseguré de que cogía su bólido, corrí rauda y veloz a mi cuarto con el portátil debajo del hábito, sujeto por la goma de las bragas. Una vez allí, encendí el aparato y con el buscador Google fui directa a mi objetivo: <<el hombre invisible>>.

Se desplegaron ante mí varias entradas. Elegí la más prometedora para mis pesquisas: <<El hombre invisible está al caer. Científicos escoceses han confeccionado un traje con un nuevo material que manipula las ondas de luz y puede ocultar a la vista a cualquier persona...>>. ¡Bingo, había dado en la diana! <<Una reciente y revolucionaria técnica da la posibilidad de vestir un traje especial que permita ocultarse a los ojos de los demás. El material con que se confecciona ese traje se denomina metaflex diseñado en la Universidad escocesa de San Andrews. Se trata de un meta-material creado sintéticamente. Presenta propiedades electromagnéticas inusuales, que dependen en buena medida de la estructura del diseño y no solo de su composición. La agrupación ordenada de meta átomos, lo suficientemente pequeños para interactuar con la luz visible, crea un material flexible y autónomo que evita ser visto. Cuando la luz se proyecta sobre un objeto es dispersada. Vemos el cielo azul porque cuando la luz del sol

se proyecta sobre la atmósfera terrestre, ésta se difunde con más facilidad las frecuencias más elevadas que son cercanas a los rayos ultravioletas. Algunos materiales, sin embargo, consiguen emular este fenómeno. Se trata de compuestos con características electromagnéticas similares a los electrones libres que forman el plasma. Con esta técnica se impide que la luz emanada del objeto ilumine el ojo del observador. Pero este sistema tiene una desventaja, ya que la frecuencia de luz no se puede anular si el observador utiliza cristales violetas, ya que este color permite ver las ondas que rodean al objeto…>>

Mi mente se puso a mil por hora. El próximo objetivo era encontrar unas gafas con cristales violetas. Mi intuición me decía que aquélla mujer cuya mirada estaba llena de odio y de ira estaba allí por la visita de los Príncipes. Probablemente era una terrorista con vinculaciones en Escocia y no había tiempo que perder. Tenía que localizar las gafas para interceptar a la intrusa. Frustrar sus intenciones. Podría acabar con la futura monarquía de España y lo que era peor, con la prosperidad de mi querido convento.

6.-

El nerviosismo por mi descubrimiento en Internet comenzó a embotarme la cabeza. Fui a echar un vistazo a la habitación de Sor María Encarnación. Una vez allí pude comprobar que ya estaba cenando con la ayuda de la novicia. Quedé con esta para venir a sustituirla a la hora de dormir. Pasaría la noche con la anciana, pero estaría de guardia permanentemente.

Antes de que llegase la hora de la cena, me encaminé hacia a la capilla privada de las monjas, para intentara acallar mi mente con oraciones. Cuando comencé a rezar, oí ruidos en el altar. Alguien andaba por allí. Sospechaba quién era. Concentré la mirada hacia allí por si veía algún objeto moverse, pero todo estaba inmóvil. Los pasos se encaminaban hacia la sacristía. En dirección a su puerta de acceso ví algo que acaparó toda mi atención. En el lado derecho del altar, sobre una mesilla auxiliar, estaban el cáliz y las jarras del vino y del agua que se utilizaban en la liturgia. El cáliz era de cristal transparente de ¡color violeta!

Sin titubeos, me levanté y cogí la copa. Me dirigí hacia la sacristía colocando la copa en mi ojo derecho. Tuve que sujetarme en el marco de la puerta para no caerme, pues podía ver perfectamente a la mujer de la otra noche que se movía cubierta de la cabeza a los pies con una capa de tonos metálicos. Estaba revolviendo en un armario. Tenía que actuar, pero alguien estaba a mis espaldas. Era el párroco que me preguntaba por el motivo de mi presencia allí. Me dí la vuelta no sin antes ver como la mujer salía corriendo por la puerta del fondo. Ante el cura justifiqué mi actitud asegurando que había oído ruidos inusuales en la sacristía. Escondí el cáliz tras mi cuerpo y abandoné la pequeña iglesia en cuanto el sacerdote se dio la vuelta para comenzar a preparar la misa. Con la copa me sentía un poco invencible. Gracias a su estado gaseoso, aquella mujer tenía una gran ventaja.

7.-

Pasé la noche en vela. No podía dormir, pero tampoco sucedió nada raro. Cada poco encendía la pequeña lámpara de la mesita de Sor María Encarnación y me colocaba la copa de cristal en el ojo como si fuese un monóculo para otear el espacio de la habitación. Nada, todo tranquilo. A la mañana siguiente recorrí todo el Convento con la copa dentro de una bolsa de tela que llevaba colgada al cinto. Ninguna monja se había atrevido a preguntarme por la saca que por otra parte no desdecía con el mandil de faena que me había puesto para disimular.

Faltaban tan solo veinticuatro horas para la llegada de los Príncipes y comenzaba a estar más nerviosa.

Sor María Encarnación estaba controlada, pues al intuir que yo también había visto ese lo que fuera, comenzó a relajarse. La directora nos visitó para comprobar nuestro estado. Al ver que todo estaba en calma, agradeció mis servicios con una gran sonrisa. Ella no podía sospechar que mi devota dedicación sería inútil, si no conseguía reducir a la delincuente que merodeaba por aquellos santos lugares.

Recibí varios avisos de las llamadas telefónicas de Juanjo, pero no podía ocuparme del amor en este momento. Nada que me impidiese tener todos mis sentidos alerta, podía ocupar mi atención. Pobre hombre, aunque supuse que lo entendería si algún día pudiese contarle la verdad.

Los servicios de seguridad rastrearon todo el convento y como era de esperar no hubo motivo de alarma. Ardía en deseos de decirles lo que estaba pasando, pero mi promesa dada a la directora resultaba un pacto sagrado que cumpliría aún a riesgo de mi propia vida. Confiaba en que Dios protegiese la vida de los Príncipes y me ayudase a frustrar las intenciones de la mujer invisible para que todo culminase con el mayor bien de todos. Aquella noche recé como nunca había rezado antes. Intuí que Dios me ayudaría.

8.-

Había llegado el día de la visita que tendría lugar a las once y media de la mañana. Encargué a la novicia que se ocupase durante todo el día de Sor María Encarnación.

Me esmeré por conseguir un aspecto cuidado. Aunque no llegasen a verme ninguno de los miembros de la comitiva, el acontecimiento merecía una buena presencia.

Algunos escoltas e incluso algunos G.E.O.S. ocupaban lugares estratégicos del convento. Pero todo sería inútil ante la invisibilidad de la terrorista. La única que podía verla era yo con mi artilugio.

Recorrí los pisos superiores siguiendo la ruta que recorrían los Príncipes por la zona baja del edificio. Sentí que caminaban por el claustro en dirección a la fuente central del patio, donde la madre superiora leería un breve poema romántico en homenaje al amor que unía a los cónyuges reales. Entre las personas que acompañaban a la superiora estaban nuestro asesor y ¡Juanjo! Sentí que mi corazón se agrandaba al ritmo de sus latidos acelerados. Aunque comenzó a nublárseme algo la mente, no dejé de otear el panorama con el cristal violeta que llevaba permanentemente colocado desde primeras horas de la madrugada sobre mi mejor ojo, el derecho. El izquierdo lo tengo muy afectado por el astigmatismo. Gracias a la colaboración de Sor María Encarnación había conseguido colocar parte del cristal violeta de la copa que finalmente rompí en una montura desconchada que había usado la anciana hermana en su juventud. La pinta que llevaba con gafas tan singulares, propició que los escoltas de seguridad comprobasen reiteradamente mi identidad en varias ocasiones antes de la llegada de los príncipes. Mi ojo cubierto por el dispositivo cristalino violeta y que me hacía parecer la monja pirata indagaba todos los espacios minuciosamente. Cuando más me estaba concentrando, oí el crujido de una tela, que supuse gruesa y torpe, a menos de dos metros de donde me encontraba. Giré mi cabeza hacia la derecha y pude ver que la mujer invisible salía del armario que se encontraba en el pasillo. Avanzaba envuelta en su singular capa hacia el ventanal central que se hallaba abierto que daba al patio donde ya se encontraban los Príncipes.

La <<tigresa>> a la que apodé de ese modo desde ese momento, empuñaba un rifle de larga distancia que se hallaba igualmente cubierto por un rígido paño. Apuntaba con precisión y firmeza hacia las figuras reales.

Grité y me abalancé sobre ella derribándola en el suelo. Cuando los G.E.O.S. alertados por mis gritos se acercaron y nos rodearon, solo pudieron ver a la monja pirata que parecía estar en pleno ataque de epilepsia. Pronto descubrirían que no estaba sola, pues en cuanto conseguí quitar la capucha a la tigresa, todo lo demás fue coser y cantar.

9.-

La visita de los Príncipes de Asturias nos catapultó a la fama mundial. El convento tuvo tal reconocimiento público nacional e internacional que la congregación comenzó a tener un esplendor nunca sospechado, que además le supuso sobrada abundancia para todos los días de su existencia.

La madre superiora me abrazó emocionada tras el suceso. No paraba de agradecerme mi devota actuación e inquebrantable fidelidad a la promesa que le había dado, aunque reconoció que había arriesgado demasiado mi integridad física y hasta mi vida. No quería perderme, pero comprendió mi decisión que yo ya barruntaba antes de tan emocionante experiencia.

Dejé el convento y me aventuré por los vericuetos de la vida en el exterior, sin olvidar el hondo bienestar que me había procurado la existencia entre aquellos muros y que tuve presente en todo lo que sucedió a partir de ese momento.

Juanjo y yo nos hemos propuesto vivir el misterio que une a dos almas en este mundo y que a la vez, sin proponérselo, han hecho hueco para que anide otra ilusión.

IV. É*li, É*li, ¿lá*ma* sa* baj* thá* ni?

(Monólogo de Jesucristo minutos antes de morir). ©

La gracia que embriagaba mi vida ya no la siento. En esta mortificación no consigo trascnder el dolor que estremece todo mi cuerpo, tampoco la amargura de mis sentimientos. Es más fuerte mi condición humana que insiste en tirar de la existencia hacia abajo, el infierno de este sufrimiento. Me ahogo en la desesperación. Me dejo llevar por la angustia

Dime, Padre, dime la razón de este abandono. No consigo ni siquiera intentar alcanzarte. En esta posición y con mis extremidades taladradas, no puedo mantener el silencio para reencontrarnos. Me cuesta respirar. Solo escucho mis gemidos, el castañeo de los dientes, el llanto de mi madre, las burlas de los fantasmas que me han rodeado todo el día. Bullicios de terror. Pesadillas.

He perdido la serenidad desde que me han clavado en estas tablas. He dejado de ser el niño que confió ciegamente en ti. No acepto este momento. No recuerdo mi Reino. Ya no me siento seguro en el calor del Universo que era mi casa. ¿A dónde se han ido las palabras que tanto repetí? <<Si el Padre vela por las aves del cielo, ¿cómo no va a hacerlo por vosotros, sus hijos?>>.

¿Has olvidado que soy tu Hijo? Me sentía seguro con tu promesa. Con la Verdad. Fue el impulso de mi valentía y mi audacia. Nadie puede decir que me haya visto retroceder alguna vez ante un peligro o una amenaza. Aunque sentí temor, supe dominarlo en todos mis días. En la calma o en la agitación, entre mis amigos o enemigos, percibía tu cálida compañía dentro de mí. Sin embargo en estas horas tiemblo y me encojo de dolor y de humillación.

Me cuesta o no quiero comprender el final de esta escalera. La última prueba. Me resisto a tu voluntad. Decido rebelarme. No suelto mis deseos. Me voy hundiendo en el polvo de la muerte y me apego a esta carne humana herida, llagada. ¡Cuánto dolor por culpa de este ego maldito que me impide extasiarme con tu aliento! Aunque mis gotas de sudor son de sangre, me aferro a mi condición humana. Pero compréndeme, aún razono como persona. Un hombre que se asemeja a un gusano del que todos se burlan. Un gusano cobarde y aterrado que desea el final de este calvario cuanto antes. ¡Oye, ven pronto a socorrerme!

A pesar de estos momentos de tibieza, en que busco consuelo con dudas, mi naturaleza humana posee un gran valor para ellos. ¡Ojala recuerden!: que fui uno más, que disfruté de la vida, que jamás me resistí al desaliento o a la tristeza, que no me alojaba en el pesimismo, que respetaba los flujos de la existencia, que lloré, que reí, que me enfadé, que perdoné, que no juzgué mis errores, que no caí en las trampas de la culpabilidad. Y sobre todo que tomé conciencia de mi naturaleza divina, el tesoro que todos ellos comparten conmigo. Nada es casualidad. Todo tiene sentido. Aunque esta cruz encierre misterios, ¿cuántos crees que lo comprenderán? El punto de unión de los maderos…Una verdad llana para estar más cerca del Cielo en la Tierra. La fusión con la vida en este mundo, pero no soy de este mundo. Mucho me ha quedado por decirles. ¿Cuándo se darán cuenta? Dime al menos que mi labor no ha sido en vano.Me digo estas cosas porque no quiero aceptar la incertidumbre de mi obra en este final. Cuánta necedad emana de estos pensamientos. Pero dime, ¿cómo iba a elegir yo tan amarga prueba? Soy agua turbia que no puede fluir y se va derramando. Mi corazón se ha vuelto frío con las sombras de mis dudas. He reprimido la inocencia. Demasiados juicios. Varios anhelos me apremian en esta noche. Reconforta al menos a mi madre y a mi mujer que gimen sin consuelo. Alienta a los discípulos que presas del miedo se sienten débiles y desamparados. Tengo sed. Te sigo…

V. Mariola. ©

He hecho un pacto. Esta es la razón de que me encuentre en este conducto, ya convulso y agitado, a través del cual me adentraré en el gran teatro de la vida. No hay marcha atrás. No me queda otra y aunque estoy un poco arrepentida, ardo en deseos de salir. Desde hace unos veinte minutos, las palabras que me digo se hilvanan de manera diferente. Este lenguaje se parece al de los otros. Pero... ¿qué digo? Los otros serán los míos. Cambia de <<chip>>.

Voy cambiando de <<chip>>, pero aún recuerdo partes de una larga letanía que escuché en el momento en que pedí bajar a su cuerpo. Una hermosa canción que me ha acompañado durante los nueve meses que llevo aquí metida.

La letra de esa melodía va desapareciendo poco a poco en mi memoria. Se hace más difusa a medida que crece el ruido que me llega del exterior. Los gritos de mi madre me sobresaltan. Aumenta la verborrea de los que la rodean que además están consiguiendo agobiarla con tantas órdenes. Demasiado ruido ambiental en el lugar donde se encuentran.

<<*Sé tu misma...descanso generoso...recóndita armonía...belleza serena...reposo existencial...*>>. Esto me suena.

<<*...equilibrio de posibilidades, dicha sin fin, calorcito luminoso, arco iris brillante, vida esencial...*>>.

Madre mía, ¡qué confusión! Estas frases inconexas poco se parecen al lógico murmullo mental de las compañías que me esperan. Si voy a ser una de ellas, tendré que olvidar.

<<*...consuelo verdadero...cálida luz del sol...serena luna nocturna...profundo amor de mi madre...qué feliz soy...*>>.

Sí, aquí con ella, antes de este ajetreo, he sido muy feliz. Han sido nueve meses muy placenteros. El bienestar que me embargaba puede volver en cualquier momento, aunque ahora esté agobiada. Con esta confianza me adapto a los movimientos de su cuerpo para lograr la expulsión. A ver si de este modo consigo salir antes.

Llevo en mis manos sensaciones imborrables. Al palpar el agua que me sumerge en su seno, he sentido la inocencia y la inmensa ternura de su estado. Su dulce espera. He percibido muchas veces su sorpresa por el misterio que me permitirá nacer. Sí, ya sé, que dirán que este tinglado de engendrar hijos es pura biología, pero ella no deja de asombrarse por el prodigio del cuerpo humano y su capacidad para crear vida. El goce de su energía cuando intuyó que estaba embarazada ha insuflado en mí un intenso deseo de vivir. Sus ansías por quererme mientras he crecido en su interior me impulsan a salir. Un motor que tirará de mi existencia desde el primer momento en que tome tierra. Una huella de bienestar que me ayudará en los duros momentos.

<<...*fuego infinito, no puedes perder nada, ya lo tienes todo...murmullos del corazón...*>>.

Cuando salga ¿cómo le voy a contar todo esto a mi madre?, dirá que estoy chiflada.

<<*...vuela en el silencio, mar de mi alma canta una canción...*>>.

Resulta imposible en esta situación. Las paredes del útero de mamá insisten en masajear mi cuerpecito con ahínco, así que no puedo más que gritar. Un último esfuerzo y ya podremos abrazarnos. Prometo cantarte algo al oído, porque tú ya sabes que seré una gran cantante. Una prima donna o una tonadillera. Me da igual. La cosa es que pueda cantar.

<<*...burbuja cristalina, tienda de gasa blanca...los cuatro cabires me toman, ángeles, guardianes de mi interior...*>>.

Si algún día todas estas palabras me vienen a la boca, le diré sonriendo a mamá que además de cantante, soy poetisa. Será una buena disculpa y no se preocupará.

Pero ¿cómo he podido olvidar el origen de esta cantinela que desde hace poco tiempo me cuesta entender? Creo que antes lo entendía todo: el por qué, el para qué y el cómo de mi llegada.

Mi nacimiento es inmediato. Ahora no tengo aquella paz mental. No doy con las claves de esta aventura. Cada vez me siento más pesada. El ajetreo pélvico de mi madre me está afectando la razón… Por Dios, ¿cuándo acabará este enredo?...

<<*…cantos de sirenas, estrellas en el mar, cometas bailando con el viento, mira los lirios del campo, por fin la libertad…*>>.

Sí, libre de este amasijo de carne, sangre y agua que está tan revuelto en este momento. ¡Quiero salir ya!

Mariola nació sorda a las 8 de la mañana del 28 de Febrero de 1968.

VI. La alcachofa de Raphael. .©

Mis compañeros en este oficio no dejan de preguntarme a qué sabe la gloria. Comprendo su inquietud, porque al menos, los que yo conozco, no han experimentado nunca el genio de una gran voz y eso, dada nuestra misión, es bastante frustrante.

Recuerdo perfectamente la primera vez que vibré con el rugido de una de sus canciones. Fue una sensación espacial, trascendente, casi mística…Sí, sí ya se que probablemente esté exagerando, pero es que cuando Raphael se arranca, su voz es tan poderosa, tan absoluta, que pierdes la noción del mundo que te rodea. Muchos de los amigos se ríen de mí cuando me manifiesto en estos términos, pero no me importa. Sé bien lo que sentí en aquel concierto en que debuté como medio de expansión de sus ondas sonoras. Guardo en lo más profundo de mis mecanismos el gusto imborrable de aquel instante.

Comenzó la suave melodía del <<Yo soy aquel>>. Me puse en alerta para que los engranajes de mi interior marchasen sin problemas. Tenía que demostrar mi valía para la misión a la que estaba destinado desde que me fabricaron. No podía fallar. Lo contrario suponía volver a la reclusión, al cubo de basura o al anonimato de un cantante de feria. El diseño de mi aspecto externo era actual y moderno, pero él me había escogido principalmente por la prodigiosa ingeniería que aplicaron al crearme. Los japoneses saben hacer muy bien estas cosas, de eso no hay duda, pero necesitaba probarle a él y al resto de su orquesta que mi mecánica respondía a la excelencia de su manifestación artística.

La música se hermanó al instante con su primera frase cantada: «Yo soy aquel que cada noche te persigue, yo soy aquel que por quererte ya no vive, el que te espeeera, el que te sueña, el que quisiera ser dueño de tu amor, de tu amor...»

Al escuchar el susurro de estas palabras saliendo de su boca, comprendí que mi vida hasta ese momento había carecido del cariño que necesitaba para subsistir sin oxidarme. Demasiado tiempo encerrado en aquel almacén, sin ver la luz, carcomido por la duda de que alguien se fijase en mí para poder empezar a funcionar. Había llegado mi amo, el dueño de mis días.

«...Yo soy aquel que por tenerte da la vida, yo soy aquel que estando lejos no te olvida, el que te espeeera, el que te sueña...»

¡Qué subidón! Mis circuitos alámbricos comenzaron a temblar a la vez que me hacía más sensible a la diversidad de los tonos. Capté el deleite de las notas que se fugaban de los instrumentos esparciéndose por el aire, aunque una vez fuera, tendían a arremolinarse alrededor del maestro del micrófono. Me cogía decidido con su mano para colmar al público con su grito melódico. Los dos, unidos de esa forma, compartíamos el protagonismo de la ceremonia, que para mí suponía el ritual iniciático de mi carrera como canal de comunicación. Sería su servidor, la varita mágica que ayuda al mago a materializar sus encantamientos.

Al principio el chorro de aire que expelía desde sus pulmones en forma de belleza comenzó tímidamente. Al iniciar aquella estrofa cantaba como un trovador que finge ser discreto sin conseguirlo. Raphael siempre es excesivo y le importa un bledo parecer ridículo o que critiquen su histrionismo desbordado.

«...Y estoy aquííí, aquííí, para quererte, estoy aquííí, aquííí para adorarte, yo estoy aquííí para decirte que como YOOO nadie te AMOOO...»

¡Qué momento!, no podía ser cierto que él supiese de la ausencia de amor en mi existencia. Le miré fijamente a los ojos sumergiéndome en el fondo de su mirada. Utilicé su nariz para tomar aire e inspirarme. No quería equivocarme. Saboreé con gusto las diminutas gotas de su saliva que me salpicaban. Recité la misma letra que él vocalizaba con toda claridad.

Supe a partir de ese momento que brillaría con él, para él y para el mundo del espectáculo hasta el fin de mi utilidad. Me sentía imprescindible. Sí, era la puerta de entrada a todo el sistema de sonido y gracias a mi presencia, las vibraciones de sus cuerdas vocales llegaban diáfanas a sus devotos oyentes.

Comencé a sofocarme con su entrega. ¡Qué tremendo es! Pensé. El calor de la sala también iba subiendo. Tiré de las riendas para que mi pulso no se desbocase. No era ocasión para que se fundieran mis circuitos. De forma que controlé mis deseos de desvanecerme y resistí hasta el final.

«Y estoy aquí… aquííí… para quererte, estoy aquííí, aquííí para adorarte y estoy aquííí para decirte AMOOOR, AMOOOOOR, AMOOOOOOOR, AMOOOOOOOOR»

Los aplausos no ahogaron sus últimas sílabas, no podían hacerlo. El torrente de su voz salía disparado poseyendo a los presentes. Temí que llegara mi final, pero no fue así, porque gracias a Dios cerró la boca. A la vez que él arqueaba sus cejas como un poseso y dibujaba exagerada la mueca de su sonrisa, me relajé. Había cumplido con mi misión sin errores. Me costaría adaptarme a sus excesos en la escena, pero merecía la pena, porque ya le amaba profundamente. Después se sucedieron las canciones hasta que completó el concierto. Salí airoso en toda la hazaña. A pesar de los meneos que me había metido entre pecho y espalda, la sensación de relax me tumbó y dormí aquella noche como los ángeles…

Han transcurrido muchos años desde nuestro primer encuentro y aunque ya no salgo en sus espectáculos, me considero un privilegiado, porque de alguna forma sigo formando parte de su mundo. Me ha colocado en el garaje de su casa de campo. Aunque solo vivo de sus recuerdos, me gusta estar aquí, porque su energía flota por todo el edificio. Alguna vez ha bajado para buscar algún trasto y a pesar de que no se ha fijado en mí, han sido instantes de profunda emoción. Volvería una y mil veces a compartir todo este tiempo que pasé con él, porque como dice en su último disco, 50 años de Raphael no son nada…

VII. Gregorio está muerto

(La Metamorfosis de Kafka versionada por mi en este relato corto).©

¿A quién le dí mi poder? Ya no lo recuerdo. Han pasado siglos o quizás tan solo horas desde aquel momento en que dejé de ser monstruoso. Me inunda la claridad que borra casi todos mis pensamientos. Al fin me siento libre. Todo aquello no fue inútil porque he vuelto a la Madre. Aquélla que me tocó en el mundo de sombras se asemeja algo a ésta, pero no es igual. Ella me aceptó casi siempre, sin intentar dominarme. De esta forma me dio algo de espacio en aquel angosto y asfixiante lugar de autoridad perversa. Voy componiendo la historia...

Abrí los ojos y miré hacia la ventana, estaba nublado. La lluvia golpeando el cristal me hizo sentir melancolía. Tuve ganas de vomitar, pero no podía acariciar la zona de mi estómago, porque en vez de manos, tenía numerosas patas negras y peludas. Me sobresalté aunque supuse estar todavía atontado por el sueño. Intenté apoyarme contra el cabecero de la cama. Ese sencillo gesto se tornó imposible por la ausencia del cuello.

—Gregorio —era mi madre—, son las siete menos cuarto. ¿No tenías que ir de viaje?

—Sí, sí ya voy

¡Qué voz tan dulce!, sin embargo la mía era aún más desagradable que de costumbre debido a aquel metálico silbido. Era incapaz de levantarme. Mi nuevo estado de insecto repulsivo no me permitía moverme con facilidad, sin embargo aún no era totalmente consciente de la horripilante mutación.

—Gregorio, Gregorio —esta vez se trataba de mi padre. Su tono siempre fue autoritario. Mi reacción obediente a su llamada era inviable en esa situación, a pesar de haber intentado dejar el lecho.

Como pasaban los minutos, también se acercó a la puerta mi hermana Grete para preguntarme si me encontraba bien.

«No es bueno vaguear en la cama» me dije «me debo a ellos, soy el único sustento de esta familia» Qué pensamiento más inútil en esos momentos en que mi cuerpo no respondía a mi voluntad.

Llamaron a la puerta del piso. Me bastó oír la primera palabra del visitante para percatarme de quién era. Era el Principal del almacén, el gerente en persona. Las frases de reproches giraban entre mis pensamientos que me impulsaron a tirarme violentamente al suelo. Se oyó un golpe sordo.

Mi familia se afanaba por calmar al gerente que pedía explicaciones por mi ausencia. No había justificado el cobro que se me había encomendado anoche. Se dirigió a mí a través de la puerta. Comencé a darle disculpas, explicaciones, pero mi voz de animal que resultaba clara para mí no les llegaba diáfana a los demás. Me arrastré con gran esfuerzo hacia allí. Mi intención era estar a las ocho en la estación fuera como fuera. Me dolía el abdomen. No era momento para quejas. Me deslicé lentamente con la silla y una vez en la puerta me dejé caer contra ella y me sostuve de pie como pude. Conseguí pegarme a la madera gracias a la viscosidad de mis patas. Intenté girar la llave utilizando las mandíbulas porque ya no tenía dientes.

—Escuchen —dijo el gerente—, está girando la llave.

Estas palabras me animaron aunque hubiese preferido el apoyo unánime de mi familia. Qué me hubiesen alentado en tan difícil hazaña.

Al fin se abrió la puerta, pero aún tuve que esforzarme más para conseguir mover la hoja del todo. Me vieron ellos antes de que yo pudiese observar sus reacciones.

El gerente se tapó la boca y retrocedió como empujado por una fuerza invisible. Mi madre se desplomó y mi padre me amenazó con el puño con expresión hostil, como si quisiera derribarme y encerrarme en la habitación.

Era indispensable para el bien de mi familia, retener al principal. —Me vestiré en un momento, recojo el muestrario y salgo inmediatamente de viaje —dije gritando.

El gerente me contemplaba con una mueca de asco en los labios a la vez que retrocedía hacia la puerta. Tomé impulso para alcanzarle, pero se precipitó hacia los escalones y desapareció.

Mi padre interpretó aquel gesto como una posible agresión hacia mi madre y me dio un golpe enérgico con un bastón que me precipitó al interior del cuarto.

A partir de ahí, la pesadilla se volvió aún más terrorífica.

Todos los personajes que formaban parte de mí y que circundaban mi nuevo estado físico de insecto fueron implacables. Nunca me aceptaron, pero ahora les resultaba mucho más inadmisible tras el cambio abismal.

Mi hermana Grete se ocupó algún tiempo de mi supervivencia. Nunca se acostumbró a verme con mi aspecto de insecto, así que un día decidí taparme con una sábana para que no pudiera ver ninguna parte de mi cuerpo. Se percató en seguida de los nuevos gustos de mi apetito y me traía los restos de la comida. Los alimentos frescos ya no me satisfacían. Agradezco sus esfuerzos por limpiarme. Debió ser desagradable. El orín, los excrementos y el sudor de un insecto son aún peores que los de un humano. No le reprocho su debilidad al final, el miedo es poderoso hasta para un alma cándida como la de ella.

Escuchaba a menudo a mi familia murmurar sobre la nueva situación. Sus conversaciones me angustiaban y pasaba los días preocupado. Sin duda era el culpable de su desgracia. No me merecía nada ni de ellos ni del resto del mundo.

No culpo a mi madre por sus desmayos cada vez que me veía. Ella no podía soportar mi nueva imagen. Y comprendo la desazón de mi padre, porque ahora tenía que ocuparse él de reorganizar la economía de la familia y buscar nuevos medios para subsistir. Todos tuvieron que cambiar su vida por mi causa y ponerse a trabajar, así que resulta lógico que fueran relegándome al olvido. Tampoco se merecieron el desprecio de los nuevos inquilinos que tenían alojados en la casa. Qué reproches tan injustos. Qué iban a hacer ellos si yo ya no era persona, sino una negra cucaracha.

El fin de toda aquella desgracia solo podía conseguirse con mi desaparición. En realidad la herida que me produjo la manzana que me arrojó mi padre en la espalda fue un alivio para mi carga insoportable de culpabilidad. Debía morir para liberarlos. Ellos también lo sabían. Ya no podían vivir así. Tenían que deshacerse de esa desgracia.

A las tres de la madrugada de aquella noche me fui para siempre de sus vidas. Ingrávido y en paz pude observar desde la esquina del techo de la habitación, la felicidad que se dibujaba en sus rostros al comprobar que mi cuerpo yacía frío y definitivamente muerto en el suelo. Mi padre despidió a la asistenta e invitó a los huéspedes a que desalojasen su hogar. Una nueva etapa comenzaba para ellos. Así que en ese momento no tenían más que ponerse las prendas de abrigo y salir a pasear. Hacía demasiado tiempo que no disfrutaban juntos. Por fin, Grete se había convertido en una linda muchacha llena de vida.

VIII. Las mariposas de Hong Kong©

"Despiertas y atentas, vuelan sin sueños en la realidad"

1

Durante el día, quien la topa en el portal puede pensar que es extranjera y tímida, pero ella por las noches, despliega toda su fuerza al frente de un corto programa de radio en español que dirige en Radio Popular China, en la región administrativa de Hong Kong.   Claudia Conte se siente como una maga al ejecutar un ritual sagrado y distinto cada noche, cuando a las dos de la madrugada de los jueves se enciende el piloto de la cabina y pronuncia con tono suave y sensual su saludo inicial: —Buenas noches Hong Kong.

Sabe que la intención que ponga en la bienvenida al programa <<Mariposas de Hong Kong>> funciona como una invocación, para que los cómplices nocturnos confíen en ella y le cuenten historias, emociones, sentimientos, que sin que ellos lo sospechen siquiera, son la semilla con la que crea un mundo de fantasía en sus relatos.

Claudia nació en Pekín, pero se empapó de diversas culturas desde pequeña, gracias a su padre, Carlos Conte, un profesor de español afincado en Hong Kong, nacido en México y a su adorada madre, Zhao Yu Ji que aunque de nacionalidad inglesa, había sido fruto de la unión entre un chino y una dulce y bellísima japonesa residentes en Inglaterra.

Claudia no había heredado los rasgos orientales ni la pequeña estatura de su madre, pero sí su carácter y hasta su serenidad interior. Cualquiera que la tuviese en frente pensaría que era latina por su físico; alta, con formas turgentes y morena. Pero su actitud y sus gestos emanaban pura esencia oriental. Esta mezcla a pesar de resultar extraña, la hacía poderosamente atractiva para los demás.

La educación de Clau, como la llamaban en casa, fue variada y diversa no sólo por el afán de Carlos Conte por enseñarle casi todo lo que él sabía, sino también por compartir los días con su multicultural familia en Hong Kong, y pasar parte de sus vacaciones con su tía mexicana Guadalupe, hermana de Carlos Conte y residente en España.

A Málaga y a su tía Guadalupe las añoraba por igual durante todo el invierno hasta el momento en que se veía en el avión, cada mes de Agosto, desde que había cumplido dieciocho años. Esa tierra y su tía estaban fundidas y creaban en Clau una sensación inconsciente de alegría luminosa llena de sol y calidez. La casa de Guadalupe en

Benalmádena actuaba sobre el alma de Clau como un talismán poderoso, convirtiéndola en una persona alegre y despreocupada, lejos de la vida disciplinadamente milimétrica que llevaba en China, a excepción de sus momentos de escritora.

Ahora Clau tenía treinta y tres años. Vivía sola. Acostumbraba a ver a sus padres casi todos los fines de semana. Decidió dejar la casa familiar en cuanto sus ingresos comenzaron a ser suficientes para no depender de ellos, porque aunque su padre respetaba su espacio más que su madre, ambos resultaban demasiado invasivos para su persona.

Clau había seguido los pasos de su padre en el terreno profesional y desde hacía unos años contaba con un puesto de profesora interina de lengua española en la Universidad de Hong Kong, la más antigua de esta región y una de las más prestigiosas del mundo. Los puestos de trabajo como el suyo, habían comenzado tímidamente en los años setenta, gracias a la vehemente presencia de la Sociedad Hispánica en la City University de Hong Kong. La enseñanza del español en Hong Kong había surgido como una posibilidad de ofrecer a los hispanohablantes un marco excelente para sus relaciones sociales, pero desde el año mil novecientos noventa y tres y gracias al aumento de las relaciones comerciales y empresariales con España, el castellano había pasado a formar parte de la enseñanza reglada.

Este trabajo no le disgustaba, pero le parecía poco creativo. Clau necesitaba aires nuevos para flotar en lo imprevisto y desconocido, para vivir volando como en sus relatos. Así que dirigir un programa de radio en la agitada y despierta noche hong-konesa, oculta tras el nombre ficticio de Mari Sandor, fue una oportunidad que Clau no desaprovechó.

2

—Hola. Esta noche, como todos los jueves vuelven a volar las mariposas sobre Hong-Kong. Aquí y en este momento, te animo a que detengas tus ruidos mentales, a que abras relajado tu corazón. Si te apetece, si realmente te apetece, cuéntame qué te cuenta tu corazón. Soy tu oyente, tu atenta oyente...

Tras este saludo, comenzó la música de "Nessun Dorma" de Puccini, una de las preferidas de Clau. Después de un silencio de unos treinta segundos dijo:

—Hola, ¿con quién hablo?

—Hola, soy Lucas.

—Bienvenido Lucas. Como siempre me gustaría saber si naciste aquí o en otro lugar del mundo. ¿Eres español, tal vez?

—No, soy mexicano y llevo en Hong-Kong tan sólo tres meses. Razones de lana, ya sabes. Necesidad, trabajo, o sea dólares —contestó Lucas riendo.

— ¡Mexicano! ¡qué alegría! La gente mexicana está llena de color y de música.

Claudia no pudo reprimir alzar las manos en señal de victoria.

70

Lucas se vio algo sorprendido por el tono entusiasmado de Claudia y quedó mudo.

Ella no quería ser formal, deseaba que aquello fuese una fiesta de confesiones relajadas. No era el momento de cumplidos o frases hechas.

—A ver Lucas, ¿qué me cuentas? Procura relajarte para contarme lo que más te apetezca —continuó Claudia

—Bueno…La verdad es que no puedo dormir y escucharte me reconforta —dijo Lucas algo cohibido.

—Lucas, en realidad, gracias a los insomnes que son una gran parte de mis oyentes, me siento yo reconfortada. Así que ya ves, el tema es mutuo —dijo Claudia sonriendo.

Lucas sintió un ligero tirón en su vientre que siempre asociaba con el temor ansioso. Pensó en decirle la verdad a Mari Sandor, el seudónimo que utilizaba Clau en el programa. Que se veía como un extraño inadaptado en aquella ciudad caótica, que los fantasmas del miedo y la soledad le acompañaban, pero decidió escudarse e intentó comunicar todo lo contrario. —La verdad es que ya cuento con un grupito de amistades. Está algo pequeño, pero padrísimo.

Claudia al escucharle palpó con su intuición la soledad de Lucas que salía embozada tras sus palabras. En ese preciso instante, la luz roja del piloto de la cabina parpadeaba, así que asoció esa señal con la nariz roja y larga de las mentiras del famoso Pinocho. Lucas mentía como se mentía ella misma cuando se decía que no necesitaba compartir su vida con nadie. El piloto rojo también le sugería peligros aún indefinidos.

Ella contestó: —Lucas, yo nací en Pekín, pero soy un mix cultural y racial. Es decir, nací aquí, trabajo y vivo aquí, pero en mi familia hay ingleses, chinos, japoneses y ¡hasta mexicanos! Voy a España una vez al año y suelo viajar a lugares que no conozco, así que estoy empapadita de mil colores. Todo eso me hace sentir como las mariposas, de aquí para allá sin parar. Y en cada lugar, me dedico a vivir y a disfrutar, no más.

Lucas sabía que ella percibía su soledad, pero no le importó. Las palabras de Mari Sandor le estimulaban para afrontar su vida en Hong-Kong como un reto lleno de atractivas posibilidades y quizás no sólo profesionales.

—Pero dime, Lucas —insistió Claudia —¿qué te ha fascinado de Hong-Kong?

—Mari, en realidad, a mí lo único que me fascina es el amor. Soy un sentimental. Siempre lo he sido y me gustaría enamorarme de una hong-konesa. Oye, suena lindo ¿verdad? —dijo Lucas sorprendido por esta salida, pero lo repitió despacito y con tono de coñeta —Enamo-rar-me deuna hong-konesa —y soltó una sonora carcajada.

Claudia cruzó los brazos ante el micrófono que en ese momento le recordaba a un pene y dijo totalmente insincera: —No es mala idea, Lucas. Te animo a ello. El amor es muy lindo, mmm, sí…, muy ilusionante. Será un buen comienzo para ti en Hong-Kong.

Estaba cabreada por la provocación casi intencionada de Lucas. Ella no confiaba en lo que acababa de decir, porque sus historias de amor, de atracción y sexo siempre habían tenido finales infelices, sin perdices. Sólo las que imaginaba escribiendo, le resucitaban las ganas de danzar otra vez con la energías de un macho, pero en la vida real le entraba la desgana y no se adentraba lo más mínimo en ese terreno que creía peligrosamente resbaladizo para su tranquilidad.

Claudia replegó sus alas de misionera radiofónica y no dudó un momento en dar la señal al regidor para que cortase la comunicación con Lucas, a la vez que decía: —Lucas ha sido un placer hablar contigo, se valiente y a por tu hong-konesa, hombre. Un beso. Ahora tengo otra voz nocturna en línea ¡Sí! ¿con quién hablo?.

Pasada la hora que faltaba para terminar el programa se fue directamente para su casa, sin apenas despedirse de nadie. Estaba malhumorada y revuelta. Lucas le había causado el mismo efecto que los moros mirándole las tetas descaradamente en Marruecos, en su último viaje lejos de China. Intentó no darle más vueltas al asunto en su cabeza, así que se metió en la cama con un orfidal para poder dormir. Sabía que hoy, sin pastilla, no dormiría.

3

Cuando se despertó notó su mente y su cuerpo profundamente relajados. Se sentía bien, dejó que la alegría volviese a fluir en su corazón. Claudia no era de las que insistía en quedarse enganchada en el mal rollo de los pensamientos inútiles que insisten en erosionarnos el alma. Traía su mente al momento y al lugar donde se encontraba su cuerpo, sin ver ni oír nada más que lo tenía delante. De este modo, todo volvía a cobrar sentido.

Se preparó su desayuno preferido: zumo de naranja natural, un buen y aromático te chino con leche de soja caliente y pan del congelador que conseguía poner tierno en un minuto de microondas y que luego engrasaba con algo de aceite de oliva. Con este alimento, su estómago siempre resucitaba reconfortado, tras el vacío al que le obligaba Clau durante la noche, porque no solía cenar nada más que un yogur vegetal con sabor a caramelo o chocolate. Compulsivamente tras los mimos que se regaló con el alimento vespertino, fumó un cigarrillo para provocar el placentero desahogo de su intestino. Después se puso a escribir. En esta ocasión, se dejó llevar por el impulso de su corazón en su mano y escribía sin controlar las formas ni las ideas. Le salían palabras sobre el amor, pero no del entrañable etiquetado por los anuncios televisivos más tiernos de padres con hijos, abuelitos con nietos, perros y amos, ecologistas, compañeros de curro en Navidad…sino el que une y desune a las almas enamoradas de dos opuestos que normalmente no se saben amar. Pero ella con sus frases estaba creando a un hombre y a una mujer que habían despertado del sueño más cotidiano donde se sumerge una pareja de necios. Dos necios que insisten en sufrir, porque es lo que les suena, es lo más fácil, es lo que les afirma en su personalidad y a pesar de ello, siguen insistiendo, repitiendo el mismo sueño hasta el vómito y la pesadilla. Este había sido su historial amoroso y se dio cuenta de que no sabía amar.

Pensó en Lucas al que asoció con su afán de contar con un testigo de sus días y sus noches, porque en realidad no se bastaba así misma. Pero ese deseo no podía ser una base sólida para entrar en el templo sagrado del amor del que tanto le había hablado su profesor de Tai-Chi, Kairumi.

—Claudia el trampolín eres tú misma, has de ser amorosa contigo misma y todo fluirá —le solía decir Kairumi cuando ella se quejaba de su aislamiento indeseado.

—Vaya por dios, Kairumi, siempre me sales con lo mismo, como si fuese tan fácil quererse a uno mismo, cuando siempre nos han enseñado todo lo contrario —le decía Clau algo enfadada.

—Pues busca y aprende, bonita Clau —le decía Kairumi con cierto aire búdico y sonrisa placentera.

Como si se hubiese llenado de amor con el desayuno y hubiese evacuado en la taza del váter suciedades escondidas del inconsciente, Claudia se sumergió en la fantasía de ser amorosa como una criatura recién alumbrada.

Desde su cuna veía y oía todo sin pantallas, con su luz auténtica. Ese había sido su estado de mariposa y quería volver a él, para dar el salto al infinito de la dulce e inocente verdad blanca. Hasta ahora los gusanos de su mente le habían comido parte del centro de su ser más interno, ese que podemos sentir en un momento fugaz de silencio total en tu cabeza despierta y plenamente atenta en algo que te llama plenamente la atención. Y esos gusanos la dejaban fría y seca. Pero llegaría la crisálida de la muerte en ella misma. De eso estaba segura, ese era el proceso natural y mágico de todas las mariposas y ella había sido una de ellas. No tenía más que aceptar la invitación de los guardianes de su felicidad que le repetían una y otra vez: <<mira y posa, Claudia, mira y posa>>.

Al fin ella aceptaba y convertida en mariposa observaba su mente, pero seguía a su corazón aliándose con el lugar y el momento, en cada momento, pasito a pasito.

Desde ese punto mágico alzaba el suave y rendido vuelo de sus alas y alcanzaba a Lucas que comenzaba a despertar también de su sueño. Al fin eran dos que disfrutaban por estar juntos y por ser cada uno. Bastaba con saber que el otro también existía. Unas veces bailaban entre risas, vino e incienso. Otras caían en el abismo de la inconsciencia y del olvido. Pero volvían a abrir los ojos y los oídos seguían abiertos, sin ruido. Lo que habían aprendido les servía a los dos como alianza. Seguían siendo individuos libres. Confiaban en su singularidad, sin excluir al otro. Sólo tenían que ser y estar, y recogían mil frutos de amor.

Cuando Claudia abandonó el trance de su escritura, le faltaba poco para irse a dormir. Mañana tenía que estar bien despierta. Las clases en la Universidad comenzaban a las ocho.

4

Aquel viernes se levantó muy temprano para que su lucha con la movida urbana del caótico Hong-Kong al despertar, no le impidiese llegar a tiempo de la primera clase. A pesar de sus rápidos movimientos para conseguir salir de casa duchada y arreglada antes de las siete, no dudó en detenerse unos minutos para elegir la ropa que más le favorecía, aunque minimizó el tiempo de su ritual de maquillaje.

El resultado fue inmejorable. Además sintonizaba plenamente con lo intensa que Claudia se sentía aquella mañana para vivir el día que tenía por delante. Se gustó al verse reflejada en el espejo del ascensor y besó su imagen dejando pegada la barra de labios en el cristal en forma de una mariposa difusa.

Tras el recorrido habitual del metro se atolondró para salir de la estación pisando a un ejecutivo pequeño y fibroso que le recordó a un gusano triste y deprimido.

Cuando llegó al edificio de la universidad, comprobó que aún faltaban ocho minutos para que ella comenzase su clase, así que no dudó en ir a tomar un te al despacho de su jefe, Izan Me, que todos denominaban la sala de la serenidad. En aquel cuarto, la música zen con los inciensos que ponía amorosamente Izan Me, creaban un ambiente agradable y tranquilo donde los profesores podían alejarse del bullicio de los alumnos.

Antes de llegar, pasó al lado de un grupo de personas de diversas edades que esperaban su aula de destino para recibir clases de chino. Todos ellos eran hispano-hablantes y la mayoría comenzaba a trabajar en Hong-Kong por primera vez. En ese grupo estaba Lucas. Aunque él no podía reconocer a Claudia, el encuentro se produjo, porque ellos mismos habían tejido con el cruce de sus palabras en el aire, un puente invisible e inconsciente por el que ya se estaban buscando.

Clau llevaba un bolso que cerraba con una especie de tuerca en forma de palomilla. Se lo había regalado tía Guadalupe el verano pasado en Benalmádena. Aquel día, ese bolso actuó como un misterioso amuleto cazador de sueños, porque cuando Claudia pasaba cerca de Lucas, el cierre cedió y el bolso se abrió cayendo al suelo gran parte de su contenido. El fue uno de los que la ayudó a recoger sus cosas, recibiendo en señal de agradecimiento una ligera sonrisa a la vez que una leve inclinación de cabeza al más puro estilo oriental. En ese momento Lucas se sintió un auténtico emperador sin más órganos que dos corazones. El del pecho que le galopaba sin control y el del cerca del ombligo que apuntaba hacia la que él imaginaba su deseada hong-konesa, como si fuera una flecha gorda, rellena de hormigas bebidas y bailonas.

Cuando Claudia se fue. Lucas volteó su mano sudada. Puedo ver pegada a su palma una de las tarjetas que habían caído del bolso. En ese momento sonrió como un actor de tercera que hace el papel de mandarín intrigante en una película sobre la corte imperial china y que guarda entre sus manos un poderoso código secreto. Llegó a oír un gong en su cabeza y entre imágenes de humo y dragones vio salir volando a dos mariposas. Sabía que una de ellas era Claudia, pero ¿y la otra? Tardaría en descubrirlo, pero no le importaba, porque tenía toda la eternidad.

IX. Una gota de agua.©

Recuerdo que hace tres días fui a nadar a la piscina que queda cerca de mi domicilio. Era domingo y los domingos de invierno son agobiantes si me limito a vegetar en casa. Demasiados pensamientos sobre lo que aconteció la semana pasada y lo que tengo previsto para la próxima. Pasado y futuro, qué mareo. Eran las ocho y media. Aún quedaba tiempo para darme un chapuzón y vaciar la cabeza del monólogo cansino de siempre. Cogí la mochila, la rellené con demasiadas cosas: toalla, bañador, gorro, tapones, gafas, chanclas, gel. «¿Necesito tanto material?», me pregunté a la vez que lo repasaba por si podía dejar algo; pero continué embutiendo el saco y me lo cargué a la espalda. «Dios, cómo pesa», masculló cuando ya me dirigía a la puerta del ascensor. A punto de llegar la cabina recordé que olvidaba las aletas, así que regresé a por ellas.

«¿Para qué recordar lo del domingo, si hoy me siento tan bien...?» me dice en este momento una voz que a penas reconozco. Sin embargo insisto en rememorar al menos cómo se produjo la transformación.

A pesar del ligero temblor que me causó el frío al salir del portal, no retrocedí hacia el refugio cálido de mi piso y avancé resuelta en dirección al centro deportivo. La murga de mi diálogo interno no paró hasta que llegué al agua: «Un, dos, un dos…venga nena, no te detengas. Dentro de nada estarás otras vez echadita en el sofá viendo la tele, pero ahora no te rajes…Ay, ¿para qué me complico?... Anda que salir a estas horas de la noche, con lo bien que se está arriba, calentita?…Si en realidad a las diez y media ya estarás de vuelta…Ya pero, hay que ser tonta, ¡salir con esta humedad!...Sigue,   sigue…»
Una vez en el vestuario y con el fin de espantar los fantasmas de la pereza que podían desinflar mi voluntad, repetí una y otra vez la frase: tras el baño, te sentirás genial…

Y la realidad es que el chapuzón me vino muy bien, pero de una forma que no podía imaginar…

Conseguí enfundarme todo el kit del baño. Sonreí al ver la imagen de la "Hormiga Atómica con aletas" reflejada en el espejo. «Al agua patos» ese fue mi grito de guerra para salir del vestuario y afrontar la inmersión con coraje. Debí pasarme con el brío, porque al lanzarme al agua, me rompí la cabeza…

Eso es. Ahora lo recuerdo. El principio de mi estado actual fue ese terrible golpe seco contra el fondo. En ese instante se hizo la oscuridad, luego el milagro. Perdí la noción de mi personaje y comencé a existir de otra manera.

<<Soy una gota de agua que fundida con el resto de mis compañeras formamos la totalidad de este mar artificial demasiado clorado. Fluyo en todas las direcciones en continuo movimiento. Me embriago con la sensación de no tener que sujetarme a nada. No hay ningún tipo de lucha, me adapto con facilidad a cualquier cosa que me penetra o me roza, aunque sea un trozo de tirita podrida o un poco de baba. Me siento pura e inocente. Si tuviese que compararme con algo del mundo del que me he largado, diría que quizás me parezco a un niño por la candidez que me llena. Un niño muy blanco que disfruta con todos los colores del arco iris y también del negro. Me enredo con todas las corrientes que pelean en el hueco repleto de líquido. Me producen cosquillas y río contenta. Unas veces voy y otras vengo. El agua suena a silencio. En este vacío

que soy y que me rodea todo esta permitido, así que me relajo y me acepto. No hay normas del bien o del mal. Ningún concepto preestablecido. Por fin el universo de mis fantasías se ha transformado y ya no me cuento cuentos. Doy espacio y el espacio vacío me toma>>>.

Aunque me siento una gota de agua, comienzo a escuchar voces fuera. Con un ojo, aún repleto de agua, consigo ver una mujer vestida de blanco que regula un dosificador. ¡Ah, ya sé, es un gotero! Me voy mezclando con el suero…

Los médicos creen que estoy dormida, pero yo me voy despertando de este coma acuoso que me ha perturbado mi consciencia.

Muy a mi pesar, vuelvo a la <<mundanidad>>. He creado esa palabra. Si alguna vez me vuelvo a perder en esa mundanidad seca, recordaré que soy una gota de agua y volveré a ser feliz.

X.   Me doy un poco de asco, pero soy una estrella.©

Al salir del vientre de mi madre, en seguida percibí la hostilidad del sistema que domina este mundo. No me dejaron sentir el contacto con su cuerpo. Necesitaba que ella me abrazara y me soplara susurros de amor en mis orejitas. Que me permitiese cogerle un pezón para beber el maná de su leche y así gozar los dos juntitos. Pero aquella gruñona enfermera empezó a manipular mi cuerpo y me llevó a la sala de los gritos. Allí había otras criaturas que como yo, las habían desprendido de la única presencia conocida hasta ese momento. Una dulce compañía de nueves meses que no volveré a encontrar. Fue en aquel hospital donde sentí por primera vez la rabia que me domina.

Poco a poco aprendí a defenderme del desamor que entreteje casi todas las relaciones humanas. Me he adaptado de forma sobresaliente a la negatividad como medio de vida. Respiro aliviado porque, en cierto modo, estoy salvado gracias al arte de despellejar a los demás. Esto me da fuerza y poder sobre ellos.

Muchas veces me he preguntado la razón de que insista tanto en mantener esta ira interna que me carcome. Y he llegado a la conclusión de que es la energía que me impulsa a manejar habilidosamente la violencia verbal en casi todas mis manifestaciones.

Desde luego he de reconocer que la mala leche me hace ser un creador original y siento lástima por los cándidos que me critican por el desprecio que caracteriza mi firma. Envidia, tienen envidia de mi genialidad.

El sacaperras, que me psicoanaliza una vez por semana, insiste en desmenuzar la relación con mis padres, pero esta cuestión me aburre soberanamente. Para qué adentrarme en los laberintos ya pasados de mi infancia, si lo que me da gusto y ganas de vivir es el momento presente en el que me encuentro. Los únicos recuerdos que quiero mantener para reafirmar mi ego y mi personalidad son el cariño condicional de mi madre y el rechazo frío de mi padre.

Desde bien pequeñito entendí el pacto que me proponía: ella me querría y me aceptaría siempre, si me convertía en su fiel aliado en la cruenta batalla contra mi padre. Y así fue, me fundí con ella en un juego de posesión y servicio. Ahora soy como mi madre, pero con cojones. Una loca de la vida, me llaman.

En cuanto a mi padre, la verdad es que tengo que agradecerle el que me gusten los hombres como me gustan, porque busco en ellos la figura paterna que siempre deseé. Un padre que me defendiera de todos los peligros. Un padre que nunca tuve. Una ausencia que ha helado bastante mi corazón.

Hoy por hoy, como no hay macho que me defienda, he conseguido dominar el mundo con mi nociva visión de las cosas. El miedo primigenio a que acaben conmigo, me lleva a anular a los otros con mis venenosos comentarios y la fórmula funciona, así que estoy encantado de haberme conocido.

Me gusta revolver en la cochambre, en la mugre y en la mierda ajena. Mofarme de los demás me entusiasma. Aupar al estrellato a personas tan despreciables como yo evidencia que soy un peso pesado de mi profesión.

Me acusan de no ser periodista. ¿Qué sabrán ellos, cuando las noticias de la prensa y la televisión, producto de los periodistas <<serios>>, no dejan de dinamitar la ilusión de un mundo bello y positivo? No pretendo que me entiendan, mi comportamiento obedece a pulsiones inconscientes de vida y muerte: ó ellos ó yo.

No lo puedo evitar y seguiré así hasta que me muera.